엄마의 꽃밥상

엄마의 꽃밥상

초판 1쇄 인쇄　2024년 03월 06일
초판 1쇄 발행　2024년 03월 22일

　　신고번호　제313-2010-376호
　　등록번호　105-91-58839

　　　지은이　정지원

　　　발행처　보민출판사
　　　발행인　김국환
　　　　기획　김선희
　　　　편집　최정아
　　　디자인　다인디자인

　　　　주소　경기도 파주시 해올로 11, 우미린더퍼스트@ 상가 2동 109호
　　　　전화　070-8615-7449
　　　사이트　www.bominbook.com

　　　　ISBN　979-11-6957-140-1　　03810

- 가격은 뒤표지에 있으며, 파본은 구입하신 서점에서 교환해드립니다.
- 이 책은 저작권법에 의하여 보호를 받는 저작물이므로 무단 전재와 복사를 금합니다.

엄마의 꽃밥상

정지원 사진시집

소생하는 봄, 희망 설렘과 함께
한 발자국 발을 내디뎌 봄맞이합니다.

시인의 말

어머니를 모시며
20여 년 등산과
자연생태 사진을 담고
그 후기로 시를 쓰고 한다

엄마와 자연과 함께
많은 시간들이
행복한 그림이 되었는지
가끔씩 되돌아본다

늘 부족하다고 생각하다 보니
그게 힘이 된 것 같다
더 새로운 세상을
바라보고 가련다

2024년 3월
시인 **정지원**

목차

시인의 말 • 5

제1부 봄맞이

봄맞이 • 13

침묵의 말씀 • 14

홍매서정 • 16

처녀치마 • 19

제주에서 • 20

이 빛의 길에 서서 • 22

사월 • 24

폐가 • 27

그 남자의 미용실 • 28

우강들, 5월 • 31

가창오리 군무 • 32

산자고 • 34

물꼬 • 37

주산지 • 38

제2부 구원

해바라기 • 43
바람의 언덕 • 44
더워도 • 46
소진(Burnout) • 49
지안재 이야기 • 50
설악을 오르며 • 52
폐목선 • 54
안개바다 • 57
열 빛깔 꽃무지개 • 59
덩굴장미 • 60
일색고사리 • 63
구원 • 64
연꽃 • 67

제3부 엄마의 꽃밥상

꽃무릇 • 70
나는 • 72
섬말나리 • 75
엄마의 꽃밥상 • 76
김칫독 • 78
가고 오는 계절아 • 80
알고갱이 시절 • 82
야경 • 84
최고지(함박꽃) • 86
신문 • 88
장단 • 91
가을바람 • 92
저어새 • 94

제4부 먼 후일

기도 • 99
담쟁이 • 100
고니마을 • 103
동백꽃 • 104
25시 • 107
맨붕 • 108
석양 • 110
물총새 • 112
복수초(Adonis) • 115
세월 • 116
구사일송 • 118
하강 • 120
먼 후일 • 123

제1부

봄맞이

꽃샘바람 분다
벚꽃잎 날린다

*봄맞이|umbelled rock jasmine

봄맞이

연분홍 수줍음으로 너를 맞는다
살구빛 볼웃음으로 너를 맞는다
새색시 부끄럼으로 너를 맞는다

사르르 꽃잎 지고
연두 새잎 피어 오른다

침묵의 말씀

저—어기
저 한 그루 팽나무
동방의 아침을 꽃피워 섰다

오랜 침묵 수행
전하는 말씀의 산이 높다

홍매서정

사랑 툇마루 다가서면
금방 차려진 칠첩반상
창호지문 열고 엄니가
활짝핀 홍매화 얼굴로
반길 듯

처녀치마

높은 산 습 찬 자리
보라로 피우는 꽃
긴 치마 다소곳이
오지랖 드리우고

긴긴날 그리워하다
구름 지듯 지느니

제주에서

살아간다는 것은
유채꽃 동백꽃 바람이네

마라도 건너
한라산 넘고
송이채 떨어지고 마는
붉은 바람 황색 바람

살아간다는 것은 바람

구멍 난
검은 현무암 울타리
파랗게 질린 진보라 백년초
가시밭길 사이 걸어왔네

울지 마라
부디 울지 마라

하얀 눈 소복 쌓인

하늘 높이 솟은 삼나무 숲길
황금향 안고 걸어가는 너
봄바람이네

제주에선 사는 게 다 바람

이 빛의 길에 서서

그 사월 어느 날
흰 옷차림으로
이 길 나섰던 장군이시어

저희는 지금
어머님 부음받고
백의종군하던 처절한
그 맘 되어

꺼질 듯 흔들리는
노란 촛불 하나 들고
조심스레 이 길 밟으며
님을 향합니다

몇 척의 전선으로
수백 척의 적
무찌르러 나가실 때

님의 가슴에 활활 타오르던
불꽃 같은 정의와 애국심이

지금 저의 가슴에서 울컥
뜨거운 것으로 맺혀옵니다

부디 신궁의 활로
지금 이 갈피 못 잡는 나라
정의를 가르쳐 주시고
봄빛으로 인도하소서

산야를 깨워오는
저 꽃들의 붉은 노래가
님의 말씀이 되게 하소서

장검을 짚고 서신
태산 같으신 모습을 안고
백두와 한라의 영봉을
동해 물결에 씻으며

우리 풍운의 민족
다시 일어나기를 외쳐봅니다

*2016년 아산 이순신 통곡의 길을 걸은 후

사월

꽃샘바람 분다
벚꽃잎 날린다

마른 가지 새순 움트는 소리
움찔움찔 연두싹 오른다

지독한 가뭄 끝 단비 내리던 날
단 한 분 외삼촌 하늘 가셨다

구순 넘은 울 엄마가 업어 키운
띠동갑 아래 남동생 소식에
진달래빛 눈물 흘린다

내 연분홍 사월도
쏜살같이 빠져나간다

*경주 대릉원

폐가

구름 사이 일출로
폐가는 황금빛

나와 같은 시대를 살아온
저 논 가운데 굴뚝
향수를 가져온다

육신은
곧 무너질 것 같아도
마음은 우뚝한
저 굴뚝의 기상

힘들었던 지난날들
따스한 기억이여

검은 연기
푹푹 오르던 지난 일들

그 남자의 미용실

저녁노을이 예쁘게 떨어져서
한참 서 있게 하고
어린이집 앞에 목련 핀
한 발짝 길 옆
그 남자 미용실 있다

거기 서면
아산만 건너
진달래 지천 피는
내 고향 아스라이 보이고

울 엄마 같은 동네 할머니
고구마 쪄오고
윗마을 이장 막걸리 냄새 풍기며
차례 기다리는

오랜 세월
서서 가위질하느라
아픈 관절
병 키워

제 스스로 봉침 맞는
그 남자

손님들 시원하게
마사지 해주며 머릴 감기고
반가운 미소로 꿀차 내놓은 아내

난 오늘도
제 머리 못 깎어
긴 머리 질끈 동여맨

그 남자 미용실 이십 년째 간다

*공세성당

우강들, 5월

저어새, 황새, 백로, 왜가리
민물 도요떼들 먹이 찾아
노타리 친 이 논 저 논 분주하다

고래가 드나들었다는
폐교된 내경국민학교 운동장
소반리 마을회관 주차장 모판
빈 들에 초록으로 채워진다

대포리 논 가운데 성성한 팽나무
거대한 둥근 연두꽃
굴뚝만 성성한 폐가도
아침해로 황금빛

허리 한 번 필 새 없이
엎드려 소 되어 모내기하는
아버지도 희미하게 보인다

가창오리 군무

부르지 않아도
봄은 저절로
문 앞에서 서성인다

노을의 볼이 발그레해지면
저들은 앉았다 부상했다

다시 대열을 정비하길
몇 번째 회오리치듯
이리 쏠리고
저리 쏠리고

하늘 보며
고개를 이리저리
무리의 대형을 따라간다

저들은
붉은 노을을 안고
어디로 가는 것일까

*삽교천

산자고

그곳 신시도 가면
그리움에 지쳐
바닷바람에 빛바랜
네가 살지

돌 위 살포시 얹힌
새하얀 꽃
너무 기다림에
지쳐 보랏빛

자애로운 시어머니
산자고 아니 까치무릇
한 꽃 두 이름 산자고

난 그 산의 별들
그리고 모여 있는
그 님들은
은하수로 불러주고 싶어

물꼬

볕이 하지를 향해
내달리기 시작한다

수렁틀 삼십 마지기 삼천다리
삼십 마지기 원안 사십 마지기
여기저기 멀리 떨어진
족히 십 리는 떨어진 논들

우리 집
항상 마을에서 제일 늦게
모내기가 끝난 즈음이면
초여름 됐다

아버진 이제 물꼬와의
치열한 싸움이 시작됐다

동트기 전 일어나
괭이 둘러메고
먼 논부터 차례로
물꼬 보고 들어와

늦은 아침 먹었다

웅어가 뚫어 벌어진 물꼬
단디 틀어막고
헤벌쩍 벌어져 웃는 물꼬
야물딱지게 다지고

삐뚤어진 물꼬
물길 바로 나가게
잘 나가는 물길
다시 또 다지고

별 지고 달 뜰 때까지
논두렁 밭두렁에서
해와 같이 소처럼
누렇게 살았다

나 이제 이순인데
내 인생 물꼬는 제대로인가

주산지

둥글게 구불어진
주산지 길 오른다
길 옆 큰 바위
수호신처럼 웅크려 있다

하얀 미나리냉이 노란 애기똥풀
이제 막 사뿐 오르는
진달래 연두잎

물 속엔
태고의 바람결대로 굽은
왕버들가지
잉어와 산새들 놀이에
잔물결 일렁인다

삼백 살 동안 주산지에
목마름은 없었던
연둣빛 물에 잠긴
검푸른 녹색머리

원앙 내외 쓰다듬으며

내 손도 물 속을 스쳐간다

제2부

・

구원

너른 바다로 나가는
싱싱한 꿈 있을까?

해바라기

내 맘도
가끔씩은 들여다보자
뒤틀리고 꼬여지고
시커멓게 굴 속 된 마음
해바라기 하자

바람의 언덕

습습한 바람 시작되는
팔월 오면
바람의 언덕 거대 풍차
더 빠르게 돌아간다

함백산 갈림길 싸릿재에서
일월비비추 하얀 물결치는
금대봉 지난다

다소곳 도라지모싯대
고갤 떨구고
늘씬한 각시취 큰제비고깔
장승처럼 서 있다

된비알 비단봉
산꿩의다리 애기참반디
향긋한 참당귀 그득한
숲 속 길 지나

드넓은 초록 융탄자

고랭지 배추밭
바람의 언덕 씌여진
하얀 글씨 팻말 몇 발짝 옆옆마다
하늘 찌르는 육중한 거대 풍력기
휘이잉 발정난 숫사자 소리

어릴 적 코 비비고 눈물 닦던
포근한 고라니 등 같던
울 엄니 등

이젠
힘 없는 노안
새하얗게 서리 내린 머리

울 엄니 비빌 언덕은 있나?

*매봉산 바람의 언덕

더워도

어릴 적엔
삼복더위라도
삽살개 헐떡이듯 덥지 않았다
에어컨 냉장고 없이도 잘 살았다

요즘은 샤워하고 돌아서도
금방 땀범벅
얼음과자 먹어도 덥다

난 그냥
더울 땐 더워서 좋고
추울 땐 추워서 좋기로 했다

난 어느 때부터
산과 들에 피고 지는 야생화
보고 찍고 해야 산다

이 꽃들 보고
사는 데 힘을 얻는다

바람 한 점 없는 숲 속
꽃들 아우성치는
삼복더위가 좋다

*서산 웅도

소진(Burnout)

하얀 해무 위
그대 사랑 채워요

거뭇한 몽돌
뻘 위 칠면초
산 속으로 질주하는 게
닻 내린 포구의 배
검은 전깃줄 거미줄 같아

해송 그늘 아래 붉은 털중나리
길 옆, 하얗게 웃으며
간들거리는 큰까치수영

밤하늘 달무리에 싸인
초승달 빙긋

밧데리 나간 카메라에
찍힌 나머지 피사체들

지안재 이야기

길 위에서
늦은 저녁 먹을 때
길고양이
차 안 방석 위 앉아
만찬 훔쳐 먹는다

언덕 위
분홍빛 이야기
솔솔바람에 흩어져
재 넘는 차량 불빛 속
궤적돼 달린다

하늘엔 은화 같은
별 흐르고

설악을 오르며

비구름도 준봉을
쉽게 넘지 못한다

강물은 구불구불 산허리를
에이며 흐른다

오월 중순
푸른 녹음은 나무 끝자락서
갈 곳 몰라 어쩔 줄 모른다

난 가쁜 숨
몰아쉬며 공룡능선을 오른다

신선봉 벼랑 위 산솜다리
빼꼼히 내려다본다

살아간다는 것은
바위틈에서
꽃을 피우는 일

폐목선

해 기울어 가는
내 고향 아산만
갯고랑 아래

밀면 밀릴 듯
다 닳아져 가는
닻줄에 의지한
폐목선 하나 있다

박주가리 갯질경이
노란 짚신나물꽃 칠면초들
갯골 가장자리 점점히
그림처럼 살아가는 부둣가
바닷물 차오르면
이리저리 두둥실 떠다닌다

갯고랑 훤히
드러나면 먹이 찾는
갈매기들만 분주한데

나 닮은 저 목선
정치망 너머
너른 바다로 나가는
싱싱한 꿈 있을까?

*바람 아래 해수욕장

안개바다

하늘과 바다 섬의
숲까지 삼키고
따개비, 고동, 게
모래 위 몽글몽글 솟은
수많은 그들의 숨구멍도
순식간에 흔적 없이 삼켰다

파도는
고요 속으로
언제 잠들었는지 모르겠다

난
안개 속에서 재빨리
그를 끄집어내어
갯뻘 앞에 정박시키고
질척한 뻘 속에서
길 잃은 소라 하나 집어든다

아직도
안개의 미로 속에서

헤매이는 사람들
안개는
한밤중 적군의 공습처럼
스르륵 잠식하며

하얗게 하얗게
모두를 스미여 가고 있다

열 빛깔 꽃무지개

하얀 물매화 왕관 솟구쳐
빨간 인가목 신선봉 오른다
주홍 하늘나리
노란 해바라기 한다
초록 만삼 종소리 울리니
파란 하늘매 발톱 세워
남색 각시붓꽃 하늘 향해
보라 산부추 불꽃놀이 준비
검은 종덩굴 자궁 속 컴컴한 흙빛

마침내
곡진한 정한수꽃 물빛으로

덩굴장미

아침비 개이고
볕은 화사하다

벌어지는 한 송이 장미
숨은 꽃대에 박힌
예리한 바늘에
움찔 놀라곤 한다

타향에서 병든 맨몸으로
복지시설 운영한다는 것은
장미꽃대 꺾이는 짓

맺히려 하다
봉오리 말라 비틀어지고
피어나려 하다
꽃 사그러지고
모가지 꺾이려 하다
다시 일어서길

말린 장미꽃 붙여
그 꽃에
장미향 넣어
분홍 한지에 잉크 찍어
날개 펜으로
밤낮 가리지 않고
이곳저곳 여기저기

마침내
마른 장미 꽃잎
덩굴장미로 피어나
울타리 이뤘네

일색고사리

성인봉에서 도동 향하여
내내 너도밤나무 숲 아래 녹색 고사리 융단
점점이 노란 섬말나리 가로등 돼 서 있다

초록바다 일색고사리 태평양 향해
거칠고 짠 바닷바람에
이리 쏠리고 저리 쏠리고 한다

맘을 단단히 붙들어 매야 한다
그 바람에 일색으로 쏠리기 십상이다

앞뒤가 꼭 같은
일색고사리에 흠뻑 빠졌다

속과 겉이 같은 사람이 좋다
시시때때 카멜레온처럼 변색하는
정치가들 생각난다

나라도 하늘 다하는 날까지
언제나 일색으로

구원

청보리 이삭 가물가물 피어오르고
아카시 찔레꽃 하얀 향기 몽롱하다

조금에 썰물
벌거벗은 갯뻘이 드러나고

갯고랑도 가랑이를 벌린
가운데 그곳

정치망에 촛점 맞추어
삼각대 고정한다

물줄기 흐름이 선연한데
팔뚝만 한 숭어 거슬러 오르다
다시 내려가기 긴박해진다

물 빠짐 속 달박달박 그들을
보이지 않는
장노출 사진 속으로
넣어버린다

*삽교천 과적검문소 부근 갯펄

연꽃

백련 또르르 말린 푸른 잎 위 청개구리
두 손 가지런 걸치고 우릴 쳐다본다

홍련만 한 아이 분홍모자 쓰고
홍련 되어 아비 어미 손 잡고 옹알옹알 걷는다

하얀 팔 민소매 분홍 원피스 연인
팔장 끼고 빙긋 웃으며 연꽃 바라본다

아기만 한 쇠물닭 머리 흔들며 헤엄치다
물수제비 뜨며 나른다

백련 사이 새하얀 중백로
검은 두 다리 가지런 뻗치며
날아오른다

연꽃도 연못도
함박웃음 웃는다
조용히

제3부

·

엄마의 꽃밥상

차려주는 밥상보다
차려받는 밥상이 더 좋다

꽃무릇

잠잠하던 뙤약볕 여름
마른 땅 속에서
불쑥 올라와
구월을 붉게 기도한다

별빛
달빛
햇빛
바람으로 버무려
진초록 옥대 위
붉은 꽃으로 피어올라

그 봄 까칠하게
삐칠 듯 성성하던 잎
모두 다 떠나보내고
흔적 없다

나도 외론
붉은 우산꽃
두 손 모아 기도하는
내 어머니

*영광 불갑사

나는

흙 속
어미 자궁 태어나

흙 속
분진 세상 살다가

흙 속
주목에 양분되리

섬말나리

성인봉 온산 내내
노란 섬말나리 가뜩
일색고사리 속 쑤욱쑥 고개 들었다

너도밤나무잎 양산 되어
햇빛 가리고
나리꽃 황금분 향기 진동한다

초록 동그란 아빠 방석
그 위 엄마 방석 받혀서
꽃대 드높이 올려
아기꽃들 해바라기 시킨다

벌 나비 부지런히 오가고
몽환 속 숲길 걸어간다

너, 나, 우리
한 마을로 어울어지고
한 지붕 대가족
북적북적 정답던
어릴 적 그리워진다

엄마의 꽃밥상

나이 육십 넘어서니
차려주는 밥상보다
차려받는 밥상이 더 좋다

밤낮
텃밭 사랑으로 키워낸 푸성귀
봄이면 들판에 저절로 푸른
달래 냉이 머위 씀바귀 뜯어
사시사철 밥상 차렸다

꽃나이로 시집 와
자식들 향하는
칠십여 년 시간들
헤지고 무너져 내린
고달픈 삶

내 마음 같게
자식들 맘 가질 수 없는 열망
닦아내고 닦아낸 고독
갈무리 해온 가슴

빛바랜 낙엽으로
무수히 지고 졌다

떠나는 길
이젠 머잖았다

구부러진 허리
반쯤 접혀진 무릎
마다않고
주춤주춤거리며

아침마다
지극한 꽃밥상 내어놓는다

김칫독

염천 가뭄 땡볕
들깨 모종
대파 모종

언덕받이 모래밭
오줌 누기 불편해서
물 한 모금 안 마시고 심었단다

구십 평생 처음 앓아본
대상포진 석 달여
이제사 몸 움직일 만했는가

우물자리만 한두 구덩이
나무 밑에 파냈다

까짓껏 팔뚝만 한 나무뿌리
톱으로 쑹덩 잘라내고
이틀 만에
두 항아리
수세미로 쓱쓱 닦아

이리 둥굴 저리 둥글
구덩이에 앉혔을 게다

하루 야근하고 돌아와
할 말을 잃었다

퇴근하고 들어오면
웃으면서 박수치는
내 어머니여

가고 오는 계절아

수없이 간
거기 그곳에
보라구슬 좀작살
하늘빛 아래 바위솔 그득하고
배풍등 쥐똥나무 열매
쑥부쟁이
날 기다리는데

난 그 곁을
쌩쌩 달리며 오갑니다

구순 울 엄니
어제 또 입원
척추골절 폐렴
며칠 오줌똥 치웠다

병원 안 가고 여기 따순 방에서
누워 있으면 다 난다며
네 차 타고 집에 가자
조르던 엄니

조금 일찍
서둘러 퇴근해 들어오면
많이 기다렸는데

오늘은
일찍 왔네 하시던
아랫목 빈자리 휑하다

알고갱이 시절

십여 리 국민학교 가는 길
논둑을 가로질러
과수원 철조망 울타리 지나
버스 다니는 신작로

오른쪽 을씨년스런 상여집
왼쪽 너른 황토밭

봄엔 보리 가을엔 배추
길 가생이 한 고랑 무잎 푸르렀다

여자애들 골탕 먹이려는 사내애들
뱀사체 가로질러 길에 깔아놓고

머리 땋아놓은 질긴 사초풀에
뛰다 걸어가다 고꾸라지면

덩치 작은 날 말없이
애호한 건 옆집 오빠다

봄이면 삘기순 따주고
여름엔 새콤달콤 빨간 산딸기
가을엔 노란 속고갱이 꽉 찬 배추 속

내 작고 힘없는 주먹으론
어림없던 단단한
그것

두 손가락 푹 질러 파서
내 입 속에 넣어주곤 했다

철모르게 지난
구멍났던 껍데기 시절들
이제야
옹골차게 알고갱이
채워가고 있다

아득해서 더
아름다운 날들

야경

빌딩 숲 건너 은행나무 가로수 사이
곡교천 가랑이 계곡 되어
검은 빛으로 흐느끼듯 흐른다

카메라 광각렌즈
벌브 B모드 F18 iso200
인물 또는 풍경 올 포커스
단촛점 놓고
릴리즈가 필요해

자연 가로수 숲과 인공 아파트 숲
은행나무 야경엔 인공의 조명이 살고
빌딩 숲 밤엔 매일 그리운 그대 살까

저 빛은 아스라한 야경을 위하여
저 빌딩 숲 속 아련한 등불들
그대 항상 내 맘 속 빛으로 있는데
저 빛 속 그대 있으려나

오늘밤
룸바음악과 함께
눈물의 핏빛 레드와인 마시고
포근한 그대 품 안겨
흐느적 스텝 밟고 싶어라

최고지(함박꽃)

달마대사 그림 보니
해탈 웃음소리
허허 들리는 듯하다
서산 용현리 해 질 녘
자애로운 운산마애삼존불
백제의 미소 그윽하다

밝은 달밤에
시 한 수 쓴 뒤
이태백 빙긋 웃었을까

대보름날엔
쥐불놀이 돌리며
누런 이 내놓고
환하게 웃던 동네 오빠들

후덥지근 초복날
백두대간 이만봉 고지 올라
푸른 그늘사초 속 솔나리
꽃봉오리 터지는
수줍은 웃음소리 귀먼다

뭐니뭐니 해도
갓 핀 새하얀 함박꽃처럼
벙글어지듯 까르르 웃는
울 손자 웃음이 최고지

신문

읽을거리 없던 고교 때
전철 통학하며
곁눈질로 신문 읽었다
성인물도 스포츠 만화도 봤다

어우동, 여명의 눈동자
세상에 빗금 그은 소설은
지금도 가슴속에 또아리 틀고 있다

영혼 빨리는 혼불 소설
이십 초반 연재소설로 읽었다
열 권 사서 이순 바라보는 지금
아예 끼고 잔다

밤나무 검사 시조 쓰는 검사
나온 기사 샅샅이 훑는다

나도 그처럼
새싹들 위한 재단 만들까
손발 닳도록 일해야지

비 오나 바람 부나 눈 뜨면

대문 밖 신문 집어든다

눈 감을 때까지 신문 읽겠지

장단

쉼표 주말에 마당가 배나무
아기배 대롱대롱
밀린 숙제하듯 봉지 싼다

아버지가 심어준 세 그루
볼 때마다 그리움
뭉게구름처럼 인다

두 마리 노린재
큰따옴표처럼 붙어
아기배 진액 빠느라
말줄임표 되어 조용하다

마침표처럼 다닥다닥
배나무 아래 까마중 보인다
탱글하게 익은 것
입 속에서 중모리장단으로 터진다

봄에 만든 열매
여름 가르며 익어가고

내 나날들 실하게 느낌표다

큰 연영초 까만 열매
단단히 여물어 떨어지듯

삶의 마침표 찍을 때까지
쉼표 간간히 찍으며
딱 진양조로 가자

배나무 그늘 서늘해지니
여름 하루도 다 익었다

가을바람

이 말 불란서 영화에서나
속삭이는 줄 알았습니다

영어로만 말해야 유치하지
않은 줄 알았습니다

그간 쭈욱
그대에게나 누구에게나
먼저 말하면 지는 줄 알았습니다

누가 나에게 먼저 이 말을
해줘야 자존심 생겼습니다

아버지 하늘 가신 이후에야
한마디 글로 썼습니다

구순 엄마에게도
괜스레 쑥스러워 여태껏
제대로 못했습니다

이번 여름에
진심으로 해보려 했지만
더워도 너무 더운데
얼굴 뜨거워질까 봐 못했습니다

그러나 그러나
더 늦기 전에 말하렵니다

사랑합니다
모두 모두 사랑합니다

시원한 가을바람이 붑니다

저어새

널 보고픈 날은
화성호가 멀찍이서
노니는 모습 바라본다

춥고 긴 겨울
대만까지 갔다가
다시 오는 너

미꾸라지 사서

물 댄 논에 풀어놓고

밥주걱 같은 부리로

논바닥 이리저리

휘휘 저으며

맛나게 먹는 모습 담는다

깃털 긴 부리로 쭈우쭈 고르며

서로 몸단장한다

널 보고 온 날은

수십만 마리 가창오리처럼

온 하늘은 뒤덮고

신나게 춤추며 날고 있는

꿈을 꾼다

언젠가 그리워할 오늘

죽어도 이름은 죽지 않는 저어새야

제4부

·

먼 후일

내가 할머니가 되고
엄마가 어린아이 됐다

기도

눈 내리는 공세리 성당
성모의 기도

밤눈이 사르락 내리거든
가서 보세요

고요 속에 두 손 모은
그곳에 가보세요

꿈 속에서 기도하는
울 엄마
날 향해 모은 손 보여요

나,
항상 기도 생각하며
하얀 겨울밤도

봄빛 속에 다닙니다

담쟁이

개구리 손가락 발가락 끝
둥근 끈끈이 빨판으로
달라붙고 싶다

봄엔
간질간질 연두의
새순으로

여름엔 검푸르고
풍성한 초록의 잎사귀로

가을엔
불타는 듯한 단풍으로

겨울엔
다닥다닥 까만
열매 매달고

마침내
잎이 다 떨어진

덩굴만 빼곡히 남아도

널
휘감아돌아
따스한 온기로
겨울을 나고 싶다

고니마을

고니마을에
고니만 사는 것 아니다
청둥오리 해오라기 물떼새
쳐다보고
가끔 짖어대는 누렁개

쩌억쩍 저수지
얼음장 갈라지는 날

하늘에 흰 구름 솟듯
날아가는 큰 고니

저수지에 봄이 멀다

동백꽃

송이채 뚝 낙하한다
울음이 빨갛다

동백에 사는
내 어머니 92세
거실을 기어 다니시니
그 꽃 멀다

부르는 지인 제주 사람
코로나 겹쳐 너무 멀다

마음속에 내린
제주 백설 위

날마다 붉은
새빨간 동백

손에는 잡히지 않는

25시

요즘 세상은 말이다

죽을 때까지
밥 좀 먹고 살려면
일하며 살아야 한다

엎어지고 제쳐지고 구르고
오리궁뎅이처럼
빠르지도 않으면서
뒤뚱대며 나아가야 한다

거기에
두 가지 일하며 살기란
마하 속도로
휘모리장단으로 미끄러지듯
바람을 타고 나가야 한다

눈은 항상 부릅뜨고
시간은 25시로
끼니도 거르면서

인격은 이중인격
아이 가르칠 땐 아이 마음
어르신 모실 때도 아이 마음
서류 할 땐 매의 눈

허구헌 날
엎어지고
넘어지고
구르고 25시다

맨붕

어른이 돼서
피곤하고 힘든 날이면
지금은 그 어디에도 없는
말똥구리 꿈을 꾸곤 한다

어릴 적 소가 끄는 마차에
동네 사람 여럿이
무릎을 싸안고
옹기종기 앉아 오일장에 갔다

소 엉뎅이엔
빈대떡만 한 똥 덕지덕지
파리와 등애 서리태 콩처럼
콩콩 박혔다

가려운지 꼬리를
이리저리 휘두르며
엉덩짝을 찰싹찰싹 친다

뭉글뭉글 똥을 싸면서
갈 때도 더러 있다
단지 묽은 똥은
제발 아니길 바랬다

황토 길바닥
따사롭게 익어가고 소똥에
김이 모락모락 아지랑이 필 때

저―어기 옆
동그란 팥단주만 한
똥을 굴리며
참말로
느리게 느리게 가는 말똥구리

긴 두 뒷발 물구나무 서듯
똥 경단을 어디로 굴려 가는지
무엇에 쓰는지
난 알아본 적 없다

조금 비탈진 언덕길을
꽤나 많이 올라 선다
꼭대기에 올라설 즈음

앗차
때구르르
때굴 때굴 때굴
아래로 아래로 달린다

석양

바람 부는 강변 둑길
부둥켜안고 쌓이고 쌓였던
육신의 얼음을 녹인다

따스한 입김은
두 입술과
뱀의 혀를 지나
두꺼운 코트 속을
붉게 파고들어

심장 속까지 요동친다

몸 끝의 끝까지
불끈불끈 솟는다
그 무엇이든 뚫을 것처럼
그 어떤 것이든
휘감아 녹일 듯

어디까지
어디로 가는 걸까

녹여져
흐물거리는 육체
희미한 석양빛으로
물들여져
여기저기 진홍빛
싹이 돋는다

물총새

넌 여름철새 아니더냐
어찌해
이 겨울 홀로 남아
푸른 빛 작은 몸뚱이로
얼음돌 위 맨발로 서 있니

한여름 더운 바람
쌔앵 소리 나게 가르고
물 속을 갈라 총알처럼
물고기 낚아채더니

꽁꽁 언 찬바람에
우두커니 앉아
먹이 구하려 물 속을
하염없이 바라보는

넌,
지금
코로나로 힘들어진
우리들 모양새네

백신은 언제 우리들
몸에 올 껀지
닫힌 가게문 스쳐가는
마스크 쓴 사람들

복수초 피는
입춘이 내일인데

복수초(Adonis)

정월 초하룻날
손발 시려도 온몸으로
햇볕 열기 끌어 모아
눈 삭이며 피는 황금잔
복받고 장수하니 한잔하시려오

잔설 위에 복수초
대보름달 웃음이다
쥐불통 흔들림 속
왁자한 애들 소리

어여차 새순이 솟듯
둥실둥실 오르자

세월

어느새
내가 할머니가 되고
엄마가 어린아이 됐다

시시때때로
하지 말라는 짓을 벌려
사고를 친다

더운 여름날
뜨끈한 자갈마당
퉁퉁 부운 발등
맨발로 어정어정 다니며
풀을 뽑는다

얼음과자를 좋아해
맘에 드는 것 먼저 고르고
난 나머지를 먹는다

어느새

내가 할머니가 되고

엄마가 어린아이 됐다

구사일송

깡벽에 매달려 버틴 목숨
한 시간 두 시간
일 초 이 초

곱씹은 그대 넋
독물처럼 푸르다

하강

두 발 힘껏 딛고
두 날개 활짝 펴서
대지를 차고 오르자

누구나 비상하는 꿈을 꾼다
날다가 떨어지기도
벽에 부딪칠 뻔하기도 한다

솟구치는 오름을 하든
거꾸로 추락을 하든

나,
제대로 시원한 비상은
한 번도 해보질 못했다

하강은 또 다른
고요 속 비상이다

이제,
남은 시간을 위한
하강의 꽃향기를
날개에 새기자

먼 후일

그대 없어도

엄마가 준 맷돌에 먹갈아
수목장 할 주목 바라보며
생가가 될 툇마루 앉아서

시를 써간다